Annemarie Nikolaus:

Estampa:
Aquitânia: o fim de uma guerra. Série "À beira do caminho..."
Autora Annemarie Nikolaus
Traduzido por Andrei Tartaroni
Título da edição original em alemão: *Am Rande des Weges ... Aquitanien: Das Ende eines Krieges*
Copyright © 2014-2022 Annemarie Nikolaus
Todos os direitos reservados
Design da capa © Annemarie Nikolaus. Foto 2010 Jean-Bernard Nadeau
ISBN 9782493398277

ANNEMARIE NIKOLAUS

AQUITÂNIA: O FIM DE UMA GUERRA.

À beira do caminho...

Conteúdo

Introdução

Na região da Dordogne, não muito longe de Bordeaux, o fim da "Guerra dos Cem Anos" entre França e Inglaterra é encenada todos os anos. É um dos maiores eventos ao ar livre do verão francês.

Quando Aliénor da França, em seu segundo casamento, se casou com o rei inglês Henry Plantagenet pela em 1152, ela deu-lhe, como presente de casamento, seu ducado da Aquitânia. Por mais de 300 anos, até a batalha nas portas de Castillon em 17 de junho de 1453, a Aquitânia de Aliénor, o próspero sudoeste da França, permaneceu sob domínio inglês.

Os próprios habitantes de Castillon, paradoxalmente, não participaram desse evento histórico central. Protegidos atrás das muralhas de sua cidade, eles assistiram à batalha quase tão impassível quanto os espectadores de hoje assistem ao espetáculo.

Uma encosta dotada de uma relva baixa de sete hectares ao pé do Castelo de Castegens serve de palco para este pedaço da história medieval: está praticamente a um tiro de canhão do sítio histórico. A representação da batalha até o seu desfecho faz com que no final da peça se utilize toda a área da colina: você se sente mais como se estivesse em um set de cinema do que em um teatro.

A batalha – o espetáculo

Nas duas horas em que a produção durou o público está imerso na vida medieval: a vida cotidiana é retratada em detalhes nas fazendas e nas pousadas; nos mercados; o momento da vindima; as festas de caça da nobreza... Após a conquista de Bordeaux em 1451, os habitantes da Aquitânia entram em atrito com os soldados franceses e tentam se defender.

O episódio histórico é vivido a partir da Abadia de Saint-Florent, que o acaso colocou no centro desta batalha que mudará o equilíbrio da Europa.

O público experimenta primeiro a preocupação do prior por seus fiéis, o plebeu por sua colheita, o nobre por suas terras e a preocupação do conde Raoul pela fidelidade de sua esposa. Finalmente, há uma batalha entre o general inglês John Talbot e as tropas de Jean Bureau, Grão-Mestre da artilharia de Charles VII.

É um espetáculo impactante que não poupa em pirotecnia e outros efeitos. Nem todas as cenas são autoexplicativas. Mas a coisa toda é encenada de forma tão grandiosa que essa falta de explicação acaba sendo mais do que compensada: você pode entender uma ópera italiana mesmo sem tradução. Além disso, para as crianças este evento é sempre fascinante.

O website também está disponível em tradução inglesa: http://www.batailledecastillon.com/

Por mais de 30 anos, é encenada em uma boa dúzia de noites em julho e agosto. O espetáculo agora tem cerca de 30.0000 visitantes por temporada.

Mas não é de forma alguma sempre a mesma peça; o drama evoluiu e mudou ao longo dos anos: mais recentemente passou por uma transformação gradual entre 2008 e 2012 e agora termina com uma visão otimista em relação ao Renascimento.

A associação *"La Bataille de Castillon"* é a responsável pela reencenação, assumindo uma enorme carga de trabalho para a concepção do espetáculo.

Desde a restauração de objetos antigos raros e a cenografia do priorado até a produção em série de escudos, espadas e pistolas, a equipe de decoradores continua trabalhando na implementação durante todo o ano.

Mais de 800 trajes foram feitos de acordo com os registros da enciclopédia preparada por Eugène Viollet-le-Duc, um historiador de arte francês do século XIX. Além de aventais, chapéus, bonés e outras peças de vestuário que precisam ser renovadas ou reparadas ao longo dos anos.

Outra parte do esforço é invisível: em milhares de horas de trabalho ao longo dos anos, foram escavados centenas de metros do local para colocar quilômetros de cabos elétricos e tubulações.

Castillon-la-Bataille apoia as exibições tanto financeira como logisticamente.

Dos eventos culturais realizados em Aquitânia, é o mais bem sucedido. Ao longo dos anos já atraiu mais de 700 mil espectadores.

Ao todo, cerca de 700 voluntários da região estão trabalhando na frente e nos bastidores; no próprio "palco" são 450 atores amadores e 50 cavaleiros. Uma boa centena de animais também povoam o cenário: cavalos, vacas, porcos, cães, cabras, burros, ovelhas, pombos e gansos. Muitos dos quais, pessoas e animais, estão ocupados o ano todo para que as performances sejam bem sucedidas. A partir da primavera, começam os ensaios para atores e cavaleiros e as repetições do treinamento dos animais, na medida em que essas ainda são necessárias.

Os animais são treinados como se estivessem em um circo. Cada animal conhece seu papel, reconhece a música que acompanha sua performance e fica verdadeiramente impaciente enquanto espera nos bastidores.

A porca Alice (um cruzamento entre as raças basca e Bayeux) e seu companheiro Chouchou (raça Gasconne) foram selecionados há vários anos por sua aparência rústica-medieval. Eles têm desempenhado os seus papéis há tanto tempo que já não precisam de ensaios. Alice até adquiriu o hábito de anunciar sua aparição com uma série de gritos lancinantes.

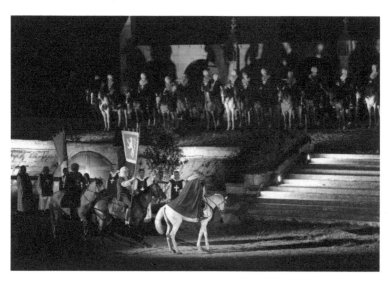

A boiada de Lourdes e a equipe *Blonde d'Aquitaine* há muito dominam seu desempenho de memória e quase não precisam de ajuda do treinador. Os burros imprevisíveis, por outro lado, são companheiros temperamentais. Os peregrinos têm cenouras em suas capas e assim os burros as perseguem; mas pode acontecer de eles parem de performar sem aviso e voltar a galope para sua baia. Ovelhas, cabras e gansos desempenham papéis de apoio.

Eles aparecem intermitentemente durante as cenas da vida da aldeia e fazem sua aparição conjunta no final do Ato I durante o mercado de Castillon.

Mas as verdadeiras estrelas são os cavalos. A maior performance é realmente exigida deles.

Como os cavalos de guerra especialmente treinados da era dos cavaleiros, eles atacam em linha, reivindicam posições movendo-se no meio do rebuliço de soldados de infantaria e suportando contra-ataques. Não devem se assustar com o fogo das tochas, com o barulho dos canhões, e nem com os fogos de artifício; também não devem desviar seu percurso com os aplausos da plateia. Além disso, os cavalos precisam se mover em terrenos íngremes no escuro da noite sem colocar em risco outros animais ou atores.

A cavalaria é composta por um terço de cavalos espanhóis e lusitanos e um terço de árabes; castrados ou éguas, de tamanho médio e idade média de sete a oito anos. (A partir dos dezoito anos, eles não podem mais participar.) O papel e o lugar que lhes são atribuídos é determinado pela cor de sua pelagem: onde são mais visíveis à noite, de modo que a cena é realçada por imagens fortes e cativantes.

Eles vêm de quatro picadeiros no Gironde. Cada um deles tem suas próprias habilidades especiais. Os cavaleiros treinam seus cavalos em seus clubes de equitação e os preparam para a seleção no início de junho. Por razões de segurança, apenas cavalos emocionalmente equilibrados que trabalham em total confiança com seus cavaleiros são considerados. São necessários cavalos que devam ir em equipes e puxar uma carruagem em chamas; outros irão perseguindo a carruagem em chamas; Cascaders, amazonas e, claro, os oficiais e cavaleiros dos exércitos.

Em 2011, o torneio da cena final foi substituído por uma sequência poética em que dez cavalos se encontraram sem sela e em liberdade na encosta imediatamente após a batalha: quatro cavalos espanhóis, cinco lusitanos e um árabe chamado Pacífico (escolhido por sua beleza e inteligência). Esta cena serve para mostrar que, nove anos após a batalha, o rei Louis XI restaurará a Aquitânia suas antigas liberdades e privilégios.

A performance em si só começa às 22h30; mas o recinto será aberto no final da tarde. Ao redor de um acampamento, trovadores, malabaristas e "cavaleiros" entretêm os visitantes com lutas de exibição. Mesas com jogos antigos de habilidade são um desafio não somente para crianças e jovens.

Desde 2012, uma fazenda foi montada na entrada do local – na "aldeia de Aliénor" – para apresentar esse pequeno mundo em sua totalidade antes do espetáculo.

Para o jantar, a partir das 19h30, uma pousada "medieval" oferece um cardápio completo. Mas você também pode se sentar no prado para um piquenique.

Não é obrigatório fazer reserva, mas a entrada feita com antecedência é mais barata. É pelo menos aconselhável perguntar antecipadamente sobre lugares vagos, especialmente se tiver que viajar várias oras do local.

Site: http://www.batailledecastillon.com/

Datas, informações e reservas:
As apresentações acontecem às sextas e sábados entre meados de julho e meados de agosto e em 15 de agosto.

Admissão:
Gratuito para crianças menores de 5 anos; para 5 - 12 anos preço de entrada reduzido.
O menu também pode ser pré-encomendado.

Reservas através do escritório "Bataille":
Tel: +33 05 57 40 14 53 ou online:
http://jereserve.maplace.fr/reservation.php?societe=Castillon
E-mail: info@batailledecastillon.com

A visita ao espetáculo ao meio-dia pode ser combinada com atividades em Castillon-la-Bataille. Você pode visitar uma exposição (gratuita) sobre a Guerra dos Cem Anos ou participar de visitas guiadas a Castillon-la-Bataille e oficinas de artesanato medieval.

A Guiena inglesa

Em 1137, o último duque da Aquitânia morre. Sua filha Aliénor torna-se esposa de Louis Le Jeune, o futuro rei da França. Em 1152, pouco depois da anulação do casamento, ela se casa com Henry Plantagenet, que se tornaria rei da Inglaterra. A poderosa província é o dote de Aliénor e se torna inglesa por três séculos. É um reino governado em nome da prosperidade, tornando a Aquitânia mais rica do que nunca. Ao mesmo tempo, no entanto, a província continua a ser um vassalo da França. Cobiçada por todos, a Aquitânia está perpetuamente em um estado de guerra; sendo conquistada e recapturada alternadamente pelos ingleses e franceses.

O que era então Aquitânia se estendia aproximadamente à área das atuais regiões de Poitou-Charentes, Limousin e Auvergne, bem como aos departamentos de Vendée, Dordogne e Lot. A partir do século XIII, no entanto, a alta Aquitânia medieval se desintegrou e o que restou foi a Guiena, que corresponde à atual região da Aquitânia.

O equilíbrio de poder em nosso pequeno Castillon ia e voltava naquela época. De 1223 a 1259, o local está brevemente de volta ao domínio francês. A partir do final do século XIII, Castillon pertencia aos Condes de Foix; Sainte-Foy e Castillon são conquistados por Raoul de Nesles. Mas em maio de 1303 toda a província de Guiena foi devolvida ao rei da Inglaterra em um ato solene na igreja de Saint-Emilion. Em 1377, o duque de Anjou, irmão do rei francês, sitiou Castillon por duas semanas depois de conquistar Bergerac e Sainte-Foy. Castillon é tomada, mas não permanece muito tempo em mãos francesas.

Outras áreas da "França" também pertenciam temporaria-

14

mente à Inglaterra na época. Ironicamente, os normandos foram os responsáveis porque haviam conquistado a Inglaterra no século XI. Por isso foi a lei de herança que repetidamente colocou partes do continente francês sob o domínio do respectivo rei inglês. Ou ainda levando a uma disputa sobre quem tinha direito à realeza.

Após a morte de Charles IV, na ausência de um herdeiro do sexo masculino, Philippe de Valois foi nomeado regente, e posteriormente, rei. O rei inglês, filho de uma princesa francesa, é rejeitado com referência à lei de herança sálica, porque tal lei negava o trono às mulheres. Os pares da França agora interpretam isso de tal maneira que uma linhagem masculina ininterrupta seria necessária. (1317, lex salica).

Após vários incidentes, Philippe VI conquistou a Aquitânia em 1337, iniciando uma guerra que duraria mais de cem anos. A guerra devastou a França e a levou, economicamente arruinada, à beira da derrota. A reviravolta vem apenas sob a liderança de Jeanne d'Arc.

Em 1450 a Normandia retornava à França. A Guiena, como é chamada a parte sudoeste da Aquitânia, é a última parte do país que ainda é governada pela Inglaterra. Encorajado pelos sucessos militares de Jeanne d'Arc contra os ingleses, Charles VII decide conquistar a província.

15

Então, em 1451, Jean de Dunois conquistou Bordeaux e Castillon, com toda a Guiena caindo formalmente sob o domínio de Charles VII da França. Mas o visconde de Castillon, Gaston de Foix, recusou-se a se submeter à França, e seu filho Jean de Foix também juntou-se à liga da nobreza resistente de Bordeaux. Eles chamam de volta os ingleses e em 1452 o velho general inglês John Talbot desembarca em Bordeaux com suas tropas.

A Batalha de Castillon em 17 de julho de 1453 marca finalmente o fim da Guerra dos Cem Anos – que na verdade durou uma década e meia a mais – entre a França e a Inglaterra: Guiena finalmente faz parte da França.

No entanto, os habitantes do sudoeste não ficaram nada contentes com isso.

Sob a coroa inglesa, a Aquitânia não foi privada nem oprimida. A Magna Carta inglesa também se aplicaria a eles e lhes concederia direitos civis que iam muito além do sistema estatal francês de propriedade medieval não livre.

Os reis ingleses concederam autonomia às vilas com estatutos liberais. De forma alguma a Aquitânia deve ser imaginada como um país ocupado pela Inglaterra.

Além disso, havia um intenso comércio de mercadorias com a Inglaterra através do porto de Bordeaux. A exportação de vinho, em particular, contribuía para a prosperidade da região.

Por outro lado, a Inglaterra dependia do vinho da Guiena: a Inglaterra sofreu com as mudanças climáticas, o que levou a um resfriamento significativo do século XIII (pequena era do gelo). De repente, tornou-se impossível cultivar alguns produtos na Inglaterra – incluindo o vinho, que anteriormente prosperava em todo o sul inglês. Mas o vinho era quase um alimento básico, porque naquela época era muito mais saudável beber vinho do que a água higienicamente questionável.

Esses laços econômicos foram a base para laços muito estreitos de mútuo interesse entre a Inglaterra e Bordeaux. Em 1451, os cidadãos de Bordeaux, por outro lado, aliaram-se aos ingleses contra o avanço das tropas francesas.

E o rei inglês Henry VI, quando foi informado do estado de

espírito dos aquitanos após a queda de Bordeaux, ficou muito feliz em comissionar seu general Talbot com a reconquista. Os franceses então vitoriosos se vingaram: o rei Charles VII baniu a Aquitânia do comércio de vinho com a Inglaterra.

Na consciência nacional da França, a peça celebra naturalmente o resultado da batalha como um sucesso. Ainda mais notável são as cenas com as escaramuças de Castillonais com soldados franceses, pois mostram honestamente que os aquitanos queriam permanecer ingleses. E os franceses não agem como libertadores após o fim da guerra, mas levam a província à pobreza.

Embora a exportação de vinho para a Inglaterra não pudesse ser totalmente bloqueada, começou a diminuir em um ritmo alarmante. O exílio voluntário ou forçado reduz as fileiras da burguesia e da nobreza. Alguns anos depois, no entanto, os exilados voluntários são recebidos de braços abertos quando voltam: alguns até recuperam suas terras abandonadas, incluindo o filho do visconde, Jean de Foix, que havia fugido para a Inglaterra.

Foi apenas Louis XI, o novo rei da França, que restaurou os antigos direitos e privilégios dos aquitâneos em 1461 e lhes concedeu liberdade para negociar com a Inglaterra. A partir de 1474, os habitantes de Castillon gradualmente recuperaram seus privilégios. Jean de Foix-Candale aprovou um estatuto com o direito de nomear um prefeito e dois conselhos (*jurats*). Tal estatuto é confirmado e prorrogado por Gaston II em 1487.

A batalha histórica

Bordeaux e Castillon abriram seus portões para os ingleses em 1452, após o desembarque de Talbot em uma rápida "reconquista".

No verão de 1453, os franceses iniciam sua ofensiva, marchando em direção a Bordeaux com quatro exércitos. Um deles avança pelo vale de Dordogne e toma Gensac em 8 de julho de 1453.

O exército francês então se aproxima da fortificada Castillon, mas não sitia a cidade, como era realmente o costume ao longo da Idade Média e no início do período moderno. Ela não quer mais conquistar Guiena cidade por cidade, mas destruir o exército de Talbot e assim decidir o destino da Aquitânia em uma única ação.

Assim, os franceses agora estão mudando seus métodos e atraindo o exército de Talbot para um terreno onde eles têm uma vantagem estratégica.

Os irmãos Bureau conhecem bem Castillon e seus arredores, tendo atacado a cidade já em 1451 com o exército de Penthièvre. Seu exército se instala em um vale na margem direita do Dordogne, pouco menos de 2 km a leste da cidade. Inclui cerca de 10.000 homens "de todas as províncias", com 1.800 "lanças"[1] e arqueiros. A artilharia, sob o comando dos irmãos Bureau, é composta por 300 peças de artilharia operadas por 700 soldados – números que dão uma ideia do poder de ataque que os franceses foram capazes de reunir com este novo poder de fogo. Aos arqueiros franceses junta-se o exército bretão com 1000 soldados, incluindo uma cavalaria com 240 lanças.

700 soldados ocupam a abadia de Saint-Florent no nordeste do vale e a cavalaria bretã de 240 lanceiros é retirada como reserva para Horable – 1,5 km ao norte.

---

[1] Unidade militar de cavalaria medieval. Ver capítulo "O fim da guerra cavalheiresca"

O local escolhido oferece vantagens inigualáveis. A norte tem nas costas o Lidoire, um pequeno curso d'água com margens íngremes cujo nível pode ser aumentado graças a uma barragem. A oeste, sul e leste, uma trincheira é cavada em três dias: 1,6 km de comprimento, 5 a 6 m de largura e cerca de 4 m de profundidade. Não é de forma alguma uma simples trincheira: possui reentrâncias que permitem fogo cruzado, é protegida por um banco e reforçada por troncos de árvore. Desta forma, ele se torna um sério obstáculo para a cavalaria inglesa. Por fim, o acampamento de campo tem uma extensão de 200 a 300 m de norte a sul e cerca de 600 m de oeste a leste. Em frente a este acampamento estende-se de 500 a 600 m de espaço aberto até a Dordogne, que só pode ser atravessada em um vau, o *pas de Rauzan*.

Se o inimigo vier do norte, ficaria preso na difícil travessia do Lidoire nas imediações do acampamento. Vindo do oeste, não podem se estender completamente na frente estreita (200 m) da praça. Vindo do sul, o campo de batalha estava desprotegido sob o fogo dos canhões franceses até a Dordogne.

Este campo que Talbot deveria atacar é essencialmente um campo de artilharia.

Em termos de magnitude, o exército inglês é equivalente, se não superior: Talbot pode reunir pelo menos 6.000 homens em Bordeaux e outros 3.000 gascões, que chegam às suas tropas pouco antes do ataque.

Mas Talbot comete o erro de enviar suas tropas para atacar o acampamento francês à medida que chegam gradualmente ao campo de batalha. No final, ele tinha cerca de 4.000 soldados no local – ainda insuficientes para tomar a posição do inimigo, que havia sido preparada com antecedência, em um ataque direto (*Coup de main*). Talbot foi informado em Bordeaux pelos habitantes de Castillon da chegada do exército francês e decidiu enviar reforços para a cidade.

Ele passa a noite em Libourne e na manhã de 17 de julho chega na floresta acima do priorado.

Como os habitantes de Castillon haviam aconselhado, ele se atirou sobre a fraca guarnição de Saint-Florent. A tripulação foge e se retira para o acampamento no Lidoire. Os ingleses seguem ao longo da encosta da montanha acima do riacho; mas após duelos sangrentos, os fugitivos atravessam o pequeno rio e estão imediatamente dentro do acampamento.

Talvez surpresos com as dificuldades que encontram, os ingleses se retiram para o priorado por enquanto. Lá eles se recuperam e perfuram alguns dos barris de vinho que os franceses haviam abandonado.

Talbot está prestes a ir à missa quando é informado de que os franceses estão deixando o acampamento. De fato, inconfundíveis nuvens de poeira estão subindo a leste acima da posição ocupada pelos franceses. Mais tarde saber-se-á que foram estes os pajens que partiram com a bagagem que impedia a batalha. Enganado pelas aparências, Talbot não hesitou mais e partiu com todas as tropas que tinha à sua disposição para colocar os franceses em fuga.

Os ingleses avançam para o talude da trincheira e tentam erguer a bandeira de Talbot na entrada do acampamento francês; mas no combate corpo a corpo ela cai na trincheira.

A artilharia dos franceses, sob o comando dos irmãos Gaspard e Jean Bureau (este último sendo Grão-Mestre da artilharia do rei Charles VII) teve tempo de se preparar: 300 canhões disparados simultaneamente, carregados com *"mitrailles"*: Esses, eram cilindros cheios de balas de chumbo, comparável a balas de tiros enormes.

A carnificina é terrível. Os atacantes estão tão perto que não podem escapar do tiroteio e nem dispersar. Os sobreviventes reagrupam-se, mas as armas francesas estão novamente prontas para ação.

A artilharia de Talbot é muito lenta para chegar a tempo ao campo de batalha. Sob fogo dos franceses, as tropas de ingleses e gascões lutaram por cerca de uma hora. Então os bretões, que estavam de reserva em Horable com sua cavalaria e se sentiram chamados pelo trovão dos canhões, atacaram. A cavalaria bretã caiu sobre os fugitivos e os massacrou.

Os franceses abrem então as barricadas e perseguem os ingleses. Na batalha, o cavalo de Talbot foi abatido. Ao cair, Talbot é atingido por um arqueiro francês e depois morto com um golpe de machado na cabeça. O filho de Talbot, Lord L'Isle, também cai.

Pelo menos 4000 mortos permanecem no campo de batalha. Os sobreviventes fogem; alguns tentando cruzar o Dordogne, e muitos se afogam no processo. Outros fogem em direção a oeste e alguns chegam a Saint-Émilion. Finalmente, outros se escondem na fortificada Castillon. Um refúgio de curta duração: em 18 de julho, os franceses avançaram com artilharia em Castillon e conseguiram render a cidade.

Depois que a morte de Talbot se tornou conhecida, todas as cidades ainda ocupadas pelos ingleses se renderam, com Bordeaux se rendendo sem luta. No Castelo de Pressac, em Saint-Étienne-de-Lisse, a rendição inglesa é então assinada.

Este não é apenas o fim desta guerra; os reis ingleses jamais terão acesso à França novamente.

O fim da guerra cavalheiresca

A peça também encena a lenda de que os soldados ingleses não estavam muito operacionais porque esvaziaram a adega da abadia de Saint Florent na véspera da batalha.

Na verdade, a derrota dos ingleses deveu-se à guerra "moderna" dos franceses, em particular o uso maciço de artilharia em batalhas campais. O final da Idade Média foi uma era de rápido desenvolvimento do progresso técnico: isso também se aplicava à tecnologia de armas e à guerra.

Anteriormente, a guerra na Europa tinha consistido essencialmente de dois elementos:

Conquista de lugares fortificados após o cerco. Os sitiados eram, de forma geral, bem aconselhados a se render, pois isso lhes permitia negociar termos razoavelmente toleráveis.

A estratégia dos irmãos Bureau na Guiena, por outro lado, tornou supérflua a tediosa e árdua conquista de cidade em cidade: quando o exército inimigo é derrotado e não pode mais proteger as cidades, sua resistência é inútil.

O segundo elemento consiste nas batalhas dos exércitos de cavaleiros. Da perspectiva de hoje, estas batalhas ocorriam surpreendentemente sem derramamento de sangue, visto que de forma alguma tinham como objetivo destruir o inimigo. Pelo contrário, todos faziam o seu melhor para manter o inimigo vivo. A razão para isso era bastante banal: um resgate poderia ser negociado por um prisioneiro. Era assim que os cavaleiros financiavam sua subsistência.

Esta é simplesmente a base para o conceito de guerra "cavalheiresca". Ela chegou ao fim quando os ingleses, na Batalha de Crécy, em agosto de 1346, não enfrentam os soldados franceses em um duelo cavalheiresco, mas enviam seus arqueiros para a frente, que dizimam os cavaleiros atacantes com suas flechas: os arcos longos dos ingleses são naquele momento mecanicamente superiores aos dos franceses e têm um alcance significativamente maior.

Depois os franceses queixam-se da desonra dos ingleses.

Até aquele momento, a cavalaria francesa era a mais numerosa e a mais guerreira de toda a Europa. E ela também havia entrado nesta batalha para capturar seus nobres oponentes e encher seus cofres com o resgate.

Mas é claro que eles não podem voltar no tempo. Precisavam se adaptar à nova forma de lutar.

Charles VII utiliza o armistício negociado em Tours em 1444 para reorganizar seu exército. Já a partir do ano de 1438, os Estados Gerais – primeiro nas regiões da *langue d'Oïl* no norte (1438 e 1443), depois na *langue d'Oc* (1439) – deram ao rei a oportunidade de coletar dinheiro sem ter ter que decidirem isso todos os anos como era feito anteriormente. Uma espécie de procuração geral – e com isso a introdução de impostos permanentes. A partir de então, o rei tinha os meios para manter um exército permanente. Acima de tudo, porém, ele foi capaz de evitar mercenários desmobilizados saqueando o país.

A partir de 1445 ele organizou o exército em unidades básicas – "lanças" – que atuavam como uma equipe de armas diferentes: consistiam em um cavaleiro, apoiado por dois arqueiros montados, acompanhados por um homem com uma espada e um longo punhal e – não como lutadores – por um pajem e um servo. 100 lanças formam uma companhia: s1eu exército permanente tem inicialmente 15 companhias – 9.000 homens. Eles estavam alojados em guarnições que as cidades deveriam manter para que, em tempos de paz, as reservas dos cofres reais não se esgotassem.

Foi a população civil que teve que arcar com o fardo das guerras: geralmente, as áreas pelas quais um exército marchava eram saqueadas – uma simples necessidade de se financiar e se alimentar. Para eles não importava se era seu próprio país ou o de seu oponente. Um relato vívido do que aconteceu pode ser encontrado em *"Conjuration des Importants"*, de Jean Anouil, no capítulo em que seu herói segue o exército francês na estrada para Rocroy.

A partir de 1448, cada distrito de 50 famílias teve que fornecer e equipar um arqueiro treinado. Para isso, este homem está isento de impostos – daí o termo *"franco-arqueiro"*. No final, o rei tem cerca de 8.000 homens à sua disposição e um exército de arqueiros para rivalizar com o exército inglês.

Além disso, ainda contrata mercenários quando precisa deles. O rei tem ainda à sua disposição uma Guarda Permanente Escocesa. Ao todo, Charles VII conta com 15.000 cavaleiros ágeis e bem treinados. E os arqueiros ingleses estão diminuindo de batalha em batalha, especialmente porque seu treinamento leva um tempo considerável.

Jean Bureau, Grão-Mestre da artilharia de Charles VII, reorganizara a artilharia de campanha da França desde 1439 para incentivar o uso de canhões: a artilharia fora sendo usada principalmente em cercos. Enquanto isso, no entanto, o progresso técnico levou ao desenvolvimento de armamentos relativamente fáceis de mover. Além da nova mobilidade, esta artilharia foi caracterizada por uma maior penetração, o que acabou finalmente por tornar inútil a armadura dos exércitos cavaleiros.

Jean Bureau e seu irmão dirigiram pessoalmente a artilharia em todas as batalhas na Normandia e na Guiana; assim como os arqueiros. Em Castillon, Jean Bureau usou massivamente os canhões em batalhas campais pela primeira vez no mundo ocidental.

A batalha às portas de Castillon marca assim o fim da guerra, tal como era praticada no mundo europeu até então. A artilharia é superior ao conceito medieval de guerra: o combate corpo a corpo torna-se menos importante e a armadura dos cavaleiros perde o sentido.

Vale a pena ver em torno da Castillon-la-Bataille

Se não estiver com pressa, a zona convida-o a ficar mais um ou dois dias.

Castillon, renomeado Castillon-la-Bataille em 1953, está localizado em um cruzamento estrategicamente importante sobre a Dordogne perto de Libourne, na fronteira entre o Bordelais e o Périgord. Hoje é uma cidade de quase 3.000 habitantes.
Vale a pena ver a igreja barroca e a capela de Sainte Marguerite do século XII em Capitourlan.
Website da cidade: http://www.castillonlabataille.fr/
Informações, também sobre eventos e visitas atuais, no posto de turismo: https://www.tourisme-castillonpujols.fr/

***

Castillon-la-Bataille é o epônimo da denominação vinícola **Castillon Côtes de Bordeaux**, que é cultivada em nove comunidades em 2850 hectares. Esta denominação foi cindida da denominação de Bordeaux em 1989.
Em 1060, um dos Viscondes de Guiena deixa virem monges beneditinos de Saint Florent de Saumur para Castillon. Eles construíram seu mosteiro ao norte do castelo e também o chamaram de Saint Florent. E distinguiram-se pelo seu vinho.
Mais informações sobre os vinhos podem ser encontradas no site da denominação:
http://castillon-cotesdebordeaux.com/index.htm

Há uma *Maison du Vin em Castillon-la-Bataille*. Está aberto de segunda a sexta-feira das 9 às 18 horas.

Maison des vins des côtes de Castillon
6 allées de la République 33350 Castillon La Bataille
Tel.: +33 05 57 40 00 88
Fax.: +33 05 57 40 06 31
E-Mail: contact@castillon-cotesdebordeaux.com

***

A apenas 9 quilômetros de distância fica o **castelo de Michel de Montaigne** (1533-1592), uma das grandes mentes do Renascimento francês. O castelo foi vítima de um incêndio em 1885 Foi parcialmente reconstruído, mas apenas a torre pode ser visitada. Abriga uma exposição sobre Montaigne – incluindo a sala de sua morte. Está aberto todos os dias das 10h às 18h30 no mês de julho e no mês de agosto até o dia 24; depois disso, como a maior parte do ano, de quarta a domingo. As visitas guiadas no Tour de Montaigne duram cerca de 45 minutos.

Château de Montaigne
24230 Saint-Michel-de-Montaigne
Contato : +33 05 53 58 63 93

info@chateau-montaigne.com
O website também está em inglês: http://www.chateau-montaigne.com/en/

***

A apenas 12 quilômetros de distância fica Saint-Émilion, o centro de uma das principais localizações de Haut-Médoc. Fundada no século VIII pelo monge Émilion, a cidade era um centro de vida religiosa.

Hoje o local faz parte do Patrimônio Mundial da UNESCO e impressiona com inúmeros monumentos e construções, principalmente da época românica. À primeira vista, o local é um museu a céu aberto com seus monumentos e vestígios da época românica. Mas há um segundo "museu" – um extenso labirinto subterrâneo. No subterrâneo de St. Émilion – *St. Émilion souterrain* –, a maior igreja subterrânea da Europa pode ser visitada todos os dias, além de extensas catacumbas. A visita dura pouco menos de uma hora. A visita guiada pelo centro histórico supraterrâneo, dura uma hora e meia e é oferecida todos os dias, exceto aos domingos. No entanto, ambas as excursões são em francês.

No entanto, há uma versão mais curta de ambos os passeios em língua inglesa, que leva um total de uma hora e meia.

Há também uma série de eventos temáticos, como *"Une nuit sous la révolution"*, um passeio noturno que leva a esconderijos subterrâneos usados por insurgentes durante a Grande Revolução.

A visita ao Saint-Émilion subterrâneo também faz parte de um tour de vinho de dia inteiro, que é organizado aos sábados, desde o início de abril até o início de novembro. É por isso que estes "Sábados de Enologia": têm como subtítulo "O essencial de Saint-Émilion num dia". Além das catacumbas, o dia inclui uma introdução à enologia na escola de vinhos, uma refeição de degustação de vinhos e uma visita a uma adega. – O programa não é oferecido a menores de idade.

A escola de vinhos pode ser frequentada independentemente do programa diário - diariamente de meados de julho até o final de agosto.

Reservas de visitas, alojamento e outras informações através do posto de turismo da cidade:

http://www.saint-emilion-tourisme.com/

Para ler um pouco mais

Aqui você encontrará uma bibliografia mais longa com textos *"Sur l'histoire de la Guyenne"* e *"Sur la période de la guerre de Cent Ans et de la Guyenne anglaise"*: http://benito.p.free.fr/biblio.html

Revue Historique de Bordeaux: acessível via edição aberta http://search.openedition.org/index.php?op[]=AND&q[]=+Revue+Historique+de+Bordeaux&field[]=All

A Guerra dos Cem Anos na Wikipedia
https://pt.wikipedia.org/wiki/Guerra_dos_Cem_Anos

História da Aquitânia na Wikipediaia
https://pt.wikipedia.org/wiki/Ducado_da_Aquit%C3%A2nia
https://en.wikipedia.org/wiki/Duchy_of_Aquitaine

Sobre a autora

Annemarie Nikolaus deu início a sua escrita literária no começo de 2001. Após a publicação de alguns contos, seu primeiro romance foi lançado em 2005. Desde então, a autora publica de maneira independente. Ela nasceu no estado de Hesse, na Alemanha, e viveu por vinte anos no norte da Itália. Mudou-se, junto com sua filha, em 2010, para Auvérnia, na França.

Após estudar Psicologia, Publicidade, Política e História, Annemarie Nikolaus trabalhou, entre outras funções, como psicoterapeuta, consultora política, jornalista, docente e tradutora.

Blog em português: https://bit.ly/2RGfOZS

Esteja à vontade para entrar em contato:
Twitter : http://twitter.com/AnneNikolaus

****

Publicações:

Em português:

Prescrito. Contos policiais históricos. ISBN da edição de bolso 9782902412785

Contos encantados. Histórias curtas não só para crianças. ISBN da edição de bolso 9782902412792

Dessa para melhor. Histórias curtas. ISBN da edição de bolso 9782902412921

Reduzidos ao silêncio. Um suspense curto.. ISBN da edição de bolso 9782902412938

Aquitânia: o fim de uma guerra. Série *À beira do caminho*.... ISBN da edição de bolso 9782493398277

Títulos originais em alemão:

Romances e Contos

Históricos

Königliche Republik. Romance histórico. ISBN da edição de bolso 9782902412471.

Verjährt. Contos policiais históricos. ISBN da edição de bolso 9782902412549

Fantásticos

Die Piratin. Série *"Drachenwelt"*. Romance de fantasia. ISBN da edição de bolso 9782902412495

Das Feuerpferd. Romance de fantasia, em parceria com Monique Lhoir e Sabine Abel. ISBN da edição de bolso 9782902412501.

Magische Geschichten. Histórias curtas não só para crianças. ISBN da edição de bolso 9782902412488

Renntag in Kruschar. Antologia de fantasia. Série *"Drachenwelt"*. Apenas em E-Book.

Leuchtende Hoffnung. Um romance de ficção científica em forma de calendário do Advento. Romance de ficção científica ilustrado. ISBN da edição de bolso 9782902412563

Romances policiais

Bitterer Wein. Série *"Médoc"*. ISBN da edição de bolso 9782493398017

Haus zu verkaufen. Drama em familia. ISBN da edição de bolso 9782902412983

Ustica. Um suspense curto. ISBN da edição de bolso 9782902412556.

Tot. Histórias curtas. ISBN da edição de bolso 9782902412587.

Novelas de dança

Die Enkelin. Romance da série *"Quick, quick, slow – Tanzclub Lietzensee"* da edição Schreibwerk. ISBN da edição de bolso 9782493398093

Flirt mit einem Star. Romance da série "Quick, quick, slow – Tanzclub Lietzensee" da edição Schreibwerk. ISBN da edição de bolso 9782493398109

Zurück aufs Parkett. Romance sobre casamento da série *"Quick, quick, slow – Tanzclub Lietzensee"* da edição Schreibwerk. ISBN da edição de bolso 9782493398116

Livros de não ficção

Curiosidades pelo caminho

Aquitanien: Das Ende eines Krieges. Série *"Am Rande des Weges ..."* ISBN da edição de bolso 9782902412570

A série de reflexões sobre Literatura e Livros

Suche Reisebegleitung. *Fliegende Blätter*. ISBN da edição de bolso 9781499608427.

Junge Welten. *Fliegende Blätter*. ISBN da edição de bolso 9781500971991

Créditos fotográficos:

Gostaria de agradecer à associação *"La Bataille de Castillon"* pelas fotos das cenas.

Copyright: 2010 Jean-Bernard Nadeau

Capa: Foto Copyright 2010 Jean-Bernard Nadeau

Brasão de armas: Copyright Peter17 [GFDL (http://www.gnu.org/copyleft/fdl.html), CC-BY-SA-3.0 (http://creativecommons.org/licenses/by-sa/3.0/) or CC-BY-2.5 (http://creativecommons.org/licenses/by/2.5)], via Wikimedia Commons

Castelo de Montaigne:: Copyright Henry SALOMÉ [GFDL (http://www.gnu.org/copyleft/fdl.html) or CC-BY-SA-3.0-2.5-2.0-1.0 (http://creativecommons.org/licenses/by-sa/3.0)], via Wikimedia Commons